AF166445

Himmel und Hölle

Am
Marathon des Sables

Lukas Gubler

FSC
www.fsc.org
MIX
Papier aus ver-
antwortungsvollen
Quellen
Paper from
responsible sources
FSC® C105338

Herstellung und Verlag:
BoD - Books on Demand, Norderstedt
ISBN 978-3-7347-1644-7

Ich sitze im Bus nach Madrid. Vor mir sieben Stunden Fahrt, neben mir ein alter Mann der ohne Punkt und Komma redet. Sein Dialekt lässt vermuten, dass er der letzte Angehörige eines ausgestorbenen Volksstammes ist, seine Aussprache, dass er den Mund voller Kartoffelbrei hat. Ich verstehe kein Wort und reagiere mit nichtssagenden Gesten und undeutbaren Geräuschen. Bei Albacete, so deute ich, mehr als dass ich das wirklich verstanden hätte, will er aussteigen.

Ich will nach Marokko. Will mir einen Traum erfüllen. Den Traum vom Marathon des Sables. Den härtesten Ultra-Trail der Welt. So jedenfalls rühmt sich das Ereignis. 250 Kilometer durch die Wüste. In sechs Tagen, plus einem Ruhetag, in denen jeder Läufer sein Essen, seinen Schlafsack, eine vorgeschriebene Pflichtausrüstung, wie Kompass, Schlangenbiss-Set, Not-Decke, Road-Book und so weiter, im Rucksack mittragen muss. 6,5 Kilo Mindestgewicht, 15 Kilo Maximum sind vorgeschrieben.

Die Gesten und Geräusche, mit denen ich auf das Gerede meines Busnachbarn reagiere werden knapper. Bis sie ganz verschwinden. Den Erzähler stört das wenig - er redet weiter.

In Albacete gibt`s eine Pause. Der alte Mann steigt aus. Endlich! Und als die Pause vorbei ist, steigt er wieder ein. Das Abenteuer hat begonnen. Jetzt schon.

Doch weil in diesem Universum nichts von ewiger Dauer ist, geht auch das vorbei.

Drei Stunden Zeit, um vom Bus ins Flugzeug zu gelangen müssten reichen. Lange. Aber da ist das Fehlen allen Weltmännischen in meiner Seele. Alle laufen hier zielstrebig durch die Hallen. Werfen einen kurzen Blick auf eine der Tabellen. Auf die richtige natürlich, wärend ich suchend und irrend durch die verkehrten Hallen, in die falsche Richtung laufe, auf die falsche Tabelle schaue, auf der alle Flüge - nur meiner - nicht stehen und ich mich immer wieder neu erkundigen muss. Und dann kommt noch dazu, dass die Terminals eins bis vier, vier Busstationen auseinander liegen. Ich bin im Vier, muss in die Eins. Mit der Gepäckaufgabe, den endlosen Zickzack-Schlangen, Pass- und Ticketkontrollen, Sicherheitskontrollen, den unendlichen Pinguinschrittchen, schaffe ich es gerade noch rechtzeitig in den Sog der drängenden Menge, in der alle scheinbar um ihre reservierten Plätze kämpfen.

Neben mir im Flieger sitzt ein Marokkaner. Er spricht fließend Spanisch und gibt mir viele nützliche Tipps, arabische Redewendungen, Preise, Tarife, rät mir dringend mit CTM Bussen zu reisen, nicht mit den anderen.

Noch ein wenig Einfuhrprozedere, Sicherheits- und Polizeikontrollen und schon stehe ich mitten im typisch arabischen Feilschen. Dieses Mal geht´s um den Taxipreis. Ich kenne den Tarif. Siebzig Dirham. Ich habe Zeit, der Taxifahrer auch. Und als ich endlich im Hotel mitten in Marrakech bin, muss ich feststellen, dass die Bude viel zu mondän ist für mich. Ich brauche keinen Schnickschnack. Ein Bett, ein Bad, sauber und wenns geht nicht mit dem Charme einer Gefängniszelle oder dem Ambiente eines Schlachthofes.

Der nächste Tag ist dem Besuch auf dem Place Jemaa el Fna, dem Geldwechseln, dem Kauf einer Busfahrkarte nach Ouarzazate, einigen Einkäufe, einem Besuch in der Altstadt, dem Judenviertel.... gewidmet.

Am übernächsten Tag stehe ich an der Bushaltestelle der CTM Gesellschaft und steige mit vier weiteren Fahrgästen in ein durchwegs modernes Gefährt, das uns nach Ouarzazate bringen soll. Schon aus Marrakech kann man im Hintergrund den Atlas sehen. Leuchtendweiß strahlen die schneebedekten Berge über dem Horizont. Je näher wir dem Gebirge kommen, desto strahlender heben sich die Berggipfel über dem satten Grün der weitgedehnten Flächen ab. Es soll so viel wie kaum je zuvor den Winter über geregnet haben. Ausgehöhlte Straßen und weggerissene Brücken zeugen von der Heftigkeit der winterlichen Güsse und das Blumen durchwirkte Grün der Wiesen gaukelt eine wenig arabische Welt hervor.

Über abenteurliche Serpentinen rauscht der Bus in einem furchterregenden Tempo in die Höhe. Der Blick hinunter in die steil abfallenden Hänge ist schwindelerregend. Überholen lässt es sich überall. So jedenfalls sieht das der Busfahrer. Auch der viele Schnee, der Mitte April noch auf der Bergen liegt sei absolut nicht normal. Über steile Felswände gießen Gischt versprühende Bergbäche in die Tiefe, sammeln sich in vielen Rinnsalen und Bächen zu blaugrünen Flüssen.

Ganz oben beim Tichka-Pass, auf 2260 Metern über Meer, hält der Bus an, entlässt seine Fracht zu einer Pinkelpause und findet es lobenswert, wie ich die wilde Landschaft mit meiner Kamera einfange.

Die Abfahrt auf der Südseite, die nicht weniger schneereich und vom Fahrer mindestens so abenteuerlich gestaltet wird, wie der eben zurückgelegte Weg nach oben, wird mit fast noch bunteren Wiesen geschmückt und von wasserreichen Flüssen durchzogen, an denen emsige Frauen unter Lehm- und Natursteindörfern ihre Wäsche waschen.

Die siebenstündige Fahrt vergeht im Flug. Nicht eine einzige Sekunde der Langeweile.
Ouarzazate, das Tor zur Wüste.

Das Hotel, das augenscheinlich keiner kannte, das unser Treffpunt am nächsten Tag sein sollte, gibt es wirklich. In einer düsteren Halle steht, versteckt hinter einem Tresen, ein pickliger Junge. Doch, doch, er habe etwas von einem Wüstenmarathon gehört. Ich sei wahrscheinlich schon richtig, aber Genaueres wisse er auch nicht. Ist das die Ruhe vor dem Sturm, bin ich am falschen Ort, zur falschen Zeit? Ich miete mich ein, ruhe mich erst aus, gehe dann spazieren, komme zurück - keine Menschenseele. Ich setze mich in den Eingangsbereich, in dem Wifi angeboten wird und versuche ein paar mal Gitty anzuskypen. Dann gehe ich schlafen.

Am nächsten Morgen. Wir waren verabredet, sollten uns um neun Uhr auf dem Parkplatz des Hotels treffen. Und da sind sie. Lauter stahlharte Kerle, fitte Mädels jeden Alters, ausgewiesene Langstreckler, Ultraläufer. Eine sehnige Welt, die wie die Pferde vor dem Rennen mit den Hufen scharrt, bereit für das Abenteuer der Abenteuer, wild entschlossen die Wüste zu erobern.

Ich lasse mich durch die Menge treiben. Folge keinem konkreten Plan, ich habe auch keinen, und irgendwann steige ich einfach in einen der bereitstehenden Busse und harre der Dinge, die da kommen. Neben mich setzt sich ein Mann mittleren Alters. Raul. Ein Argentinier. Wir beschließen, dass wir endlich da sind, wo wir uns seit Monaten hingeträumt hatten. Endlich da, wo die Bilder aus dem Internet uns in die Dünen, über Berge, durch den Sand in diese ferne Fimkulisse träumen ließen. Mitten in einem Abenteuer voller Hoffnungen, Zweifel, voller Sorgen und Sehnsüchte. Da, wo wir uns durch viele Monate harten Trainings und minusziöser Vorbereitung hingearbeitet haben.

Es geht Richtung Biwak. Über sieben Stunden durch weite Ebenen, hinter denen von Wind und Wetter geschliffene Berge in pastosem Rot-Blau die Sicht in die Unendlichkeit begrenzen.

Nach einer Pinkelpause und einer Zwischenverpflegung sind wir da. Ein weiter Kreis von schwarzen Zelten in drei Reihen bilden das Biwak der Läufer, daneben die weißen Zelte der Helfer, der Organisatoren, Ärzte. Wobei das Wort Zelt bei uns Läufern etwas hochgegriffen ist. Ein aufgeschnittener Kaffeesack, an zwei Seiten im Boden festgemacht, von ein paar mehr oder weniger geraden Stecken gestützt und auf zwei gegenüberliegenden Seiten offen. Darunter ein mit geometrischen Mustern als Teppich getarnter Vorhangstoff. Die Zelte sind nummeriert. Wir, die Spanier, sollten die Zelte 11 bis 18 belegen. Je acht Personen sollen ein Zelt bewohnen. Die passen auch gerade so hinein. Die meisten Zelte sind bereits belegt mit Gruppen die sich kennen oder unterwegs zusammen getan haben. Im Zelt Nummer 16 sitzen zwei Junge Kerle, so um Mitte dreißig, sonst niemand. Joan und Xavier. Raul, der aus dem Bus, und ich sollen uns dazu gesellen.

Irgendwo im Innenkreis zwischen den Zelten wird eine Bühne aufgestellt. Windböen lassen die Silhouette der Bühne in einem Sandschleier untertauchen. Hauchfeiner rötlich-gelber Sand legt sich auf alles. Wir plaudern, versuchen die spitzesten Steine unter dem eingepuderten Beinaheteppich hervorzupulen.

Vor dem Zelt sitzt etwas verloren eine Läuferin. Ana, eine Portugiesin, die seit beinahe immer, oder etwas mehr, auf Guernsey lebt. Wir vier im Zelt Nummer 16 sind keine Notgemeinschaft, sie kommt gerne zu uns und nach wenigen Augenblicken sind wir ganz sicher, dass wir ausgezeichnet zueinander passen.

Am nächsten Morgen soll die Gesundheits- und Materialkontrolle stattfinden. Jeder muss eine ärztliche Bescheinigung vorlegen, die bestätigt, dass der Erwähnte in der Verfassung sei, einen 250 Kilometermarathon durch die Wüste zu bestehen. Ein EKG muss beiliegen und ein anwesender Arzt - der Doc-Trotter - wird den Läufer noch vor Ort in Augenschein nehmen. Über die Materielkontrolle wird noch zu berichten sein.

Wir werden wärend der gesammten Strecke unsere Habseligkeiten mitschleppen müssen. Schlafsack, Isomatte, Verpflegung, Koch- und Essgeschirr und da bleibt nicht aus, dass alles, einfach aus Gewichtsersparnis, auf das absolute Minimum reduziert ist. Mit also diesen Wenigkeiten versucht jeder ein Schlaflager zu errichten. Der Rucksack bildet mein Kopfkissen und was sich irgendwie über den Vorhangstoff, zwischen meinen Rücken und die spitzen Steine darunter schieben lässt, wird irgendwie zusammengerückt.

Ein kalter Wind bläst uns immer wieder Sandsalven um die Nase. Trotz Kälte, spitzer Steine, Sand und äußerst kantigen Kopfkissen, kommt der Schlaf schlussendlich doch noch.

Im Laufe der Nacht hat sich unsere Zeltgemeinschaft um Marcelo, einem weiteren Argetinier, erweitert.

Die Zeit am Morgen vor der Materialkontrolle nutze ich zu einem Rundgang um die Zeltstatt. Ich kann es irgendwie immer noch nicht fassen, dass ich tatsächlich am Marathon des Sables bin. Alles wirkt fantastisch, unwirklich.

Im Zelt zurück bleibt Zeit zum Plaudern. Ana hat im Laufe des vorangegangenen Jahres zwölf Marathons gemeistert. In sieben Tagen hatte sie einmal sieben Marathons gelaufen. Alle unter vier Stunden. Wir berichten über das, was wir sportlich so treiben. Keiner gibt an oder will mit seinen Leistungen hervorstechen. Es sind Abenteuer, die uns alle interessieren. Über den Ultra-Trail du Mont-Blanc. Eine Umrundung des Mont-Blancs, über 166km und 9400 Höhenmetern. Zeitlimit 46 Stunden und strenge Aufnahmebedingungen. Nur knapp die Hälfte schafft es bis ins Ziel. Ich kann aus Kona in Hawaii berichten, dem Olymp des Triathlons. Hier sind keine Anfänger. Hier treffen sich wirklich nur erfahrene Langstreckenläufer und dass ich mich dazuzähle, halte ich fast für etwas gewagt.

So gegen Mittag sollen wir zur Kontrolle antreten. Marcelo ist Ingenieur. Er hat das Gewicht seines Rucksacks auf das absolut erlaubte Minimum von 6,5 Kilogramm heruntergetüfftelt. Jetzt, Sekunden vor der Kontrolle stellt er fest, ihm fehlen zweihundert Gramm. Ich kann es mit meinem Neuneinhalb Kilo Rucksack (ohne Wasser, das kommt noch dazu)einfach nicht glauben. Ich bin halt kein Ingenieur.

Nur schrittchenweise rückt die Läuferschlange zur Kontrolle vor. Als erstes wird der Rucksack gewogen, dann wird daran ein Apparätchen befestigt, das während des gesamten Rennens unsere Position an einen zentralen Computer leiten soll und im Notfall per Knopfdruck Hilfe herbeirufen kann. Eine Liste des Rucksackinhalts soll vorgelegt werden. Habe ich nicht und das merkt auch keiner. Salztabletten werden ausgehändigt, ein Arzt schaut mir prüfend ins Gesicht und stellt fest, dass ich fit aussehe und kerngesund sein muss. Und obwohl ich das weiß, tut die Bestätigung gut. Das Abendessen stellt die Organisation und es ist gut. Später spielt die Berberband Ethno Jazz oder Wüsten Pop.

Wieder pfeift der Wind durchs Zelt, kalt, sandig, unbarmherzig.

1.Tag

Am nächsten Morgen geht´s los!

Um 6:00 Uhr beginnen emsige Berber uns die Zelte über die Köpfe, unter lautem „Jalla, jalla!", wegzuziehen. Dann, in der Schlange stehen zum Wasser fassen. Kontrollkarte lochen lassen, den Rucksack so packen, dass keine harten Gegenstände in den Rücken drücken. Joan und Xaxier löffeln an einem Babybrei. Mein Müesli ist schnell verdrückt, Ana braucht unbedingt heiße Schokolade und was genau das ist, an dem sich Raul und Marcelo gütlich tun, bleibt ihr Geheimnis.

Mit pedantischer Akribie fixiere ich die Gamaschen über die Schuhe und unter die Kompressionssocken. Bald herrscht eine feierliche Stimmung. Das ist es jetzt. Wir sind am Marathon des Sables und können es kaum fassen. Glückwünsche, Schulterklopfen, Umarmungen. Eine gespenstische Stimmung herrscht. Wir gehen zusammen zur Startaufstellung. Alle haben sich im Road Book die Strecke angesehen. Ich nicht. Es würde mir nichts nützen. Ich muss es sehen, fühlen. Ich muss es tun.

Patrick Bauer klettert auf ein Autodach und eine Englischübersetzerin gesellt sich neben ihn. Willkommen am 30. Sultan Marathon des Sables. 1360 Läufer und Läuferinnen sind am Start. Ein neuer Rekord. Dann gratuliert Patrick den heutigen Geburtstagskindern und gibt letzte Tipps. Sonnenschutz nicht vergessen, unbedingt die Salztabletten regelmäßig zu sich nehmen, trinken, es herrscht hier eine staubtrockene Hitze, man schwitzt und merkt das nicht, die erste Etappe einfach nur langsam angehen. Wir wollen doch, dass alle ankommen. Tempo bolzen macht nur für Spitzenläufer wirklich Sinn. 36,2 Kilometer Wüste liegen vor uns.

Dann dreht jemand die Lautsprecher voll auf. AC-DC läuft; Highway to Hell. Gänsehaut am ganzen Körper. Dix, neuf, huit, sept, six, cinq, quatre, trois, deux, un, allez-y.

Knappe fünf Meter über die startenden Meute schießt ein Kamera-Helikopter vorbei. Wild entschlossen rennt die Truppe los. Ich bleibe weiter hinten im aufgewirbelten Sand.

Der Boden ist weich, sandig, schwer zu gehen. Leicht bergauf und nie richtig festen Boden unter den Füßen. An einen Rhythmus ist nicht zu denken.

Dann über einen Berg, auf der anderen Seite hinunter in richtige Dünen. Der rötlich-gelbe Sand vermittelt ein weiches, warmes Gefühl. Sanft geschwungene Dünenlandschaft und in der Ferne bläulich schimmerndes Gebirge. Unsicher und ungeschickt suche ich den Sand nach festeren Stellen ab. Ich rutsche in alle Richtungen, beobachte die anderen und entdecke auch da noch keine richtige Technik. Nur geschickter, leichtfüßiger wirken die andern. Bei genauerer

Betrachtung schwindet auch deren Vorteil und richtig schneller sind nur wenige.

Ich hatte am Strand bei uns im Dorf, in den Dünen von San José trainiert. Bin extra nach Tarifa und nach Cabo de Gata gefahren, um in langen Sandstränden eine Lauftechnik im Sand zu erarbeiten. Mit beladenem Rucksack. Aber der Sand hier ist eine ganze Nummer feiner. Ich versuche den Fuß hinten zu belasten, bald vorne, bald mehr auf der einen, bald mehr auf der anderen Seite. Möglichst flach scheint am besten. Bloß beim abstossen kein Gewicht auf die Fußspitze legen. Den Sand irgendwie nicht verletzen. Ich werde noch Gelegenheit genug bekommen an der Technik zu schleifen.

Endlich aus den Dünen heraus, durch ein Wadi, um gleich darauf in ein weiteres Dünenfeld zu gelangen. In der Ferne ragen schiefergraue Felsen aus dem Dünensand. Beim Näherkommen werden sie größer, wachsen zu Bergen heran.

Die Landschaft um uns herum ist atemberaubend. Das Zeitlimit für diese Etappe ist zehn Stunden und dreißig Minuten. Ich komme gut voran, habe jede Menge Zeit die Landschaft zu bewundern.

Der erste Kontrollpunkt kommt in Sichtweite. Weiß schimmernde Abschrankungen, durch die man jeweils eine bestimmte, je nach Rückennummer, zu gehen hat, das Kontrollkärtchen abstempeln lassen muss, Wasser fassen soll. Der Mann der mir das Wasser reicht, schaut mir in die Augen und sagt gut gelaunt und voller Überzeugung: „Du wirst es schaffen, das sehe ich!" Das tut gut. Das hilft.

Ich hatte für jede Etappe zwei Kraftriegel, 60 Gramm Nüsse, sechs mit Mandeln gefüllte Datteln und zwei Päckchen regenerierendes Pulver, das ich im Trinkwasser auflösen kann, eingeplant. Bei der Streckenbesprechung am Start hat Patrick darauf hingewiesen, dass am vierten Tag eine 91,7 Kilometer lange Etappe vorgesehen ist. Die längste je an einem Marathon des Sables gelaufene Strecke. Die macht mir Angst. Ich habe deshalb meinen Ernährungsplan kurzfristig umgeplant, verzichte auf den zweiten Riegel und die Hälfte der Nüsse, um mir diese Reserve für den langen Tag aufzusparen. Darin steckt ein kleines Risiko, denn wenn man Hunger oder Durst verspürt, kann es zu spät sein, kann es passieren, dass man sich nicht mehr rechtzeitig erholt. Ich achte deshalb auf jedes noch so geringe Anzeichen von Ermüdung, ohne dabei zu vergessen, dass so ein Wüstenlauf natürlich auch müde macht.

Man solle sich nicht von der Länge einer Etappe beeindrucken lassen. Immer nur an den nächsten Kontrollpunkt denken und sein Erreichen als einen kleinen Sieg feiern.

Auf der weiteren Strecke gehts durch Sand und Kamelgras. Es hatte, wie gesagt, den Winter über häufig und ausnehmend viel geregnet. Teile der Wüste sind reich mit Grün gesegnet und allerlei Blühendes ragt aus dem kargen Boden. Immer dicht an den Grasbüscheln lang gehen, dort ist der Sandboden etwas fester. Dann endlich bekomme ich festen Boden unter die Füße. Ein schmaler Pfad führt über eine steinige Ebene. Links und rechts davon liegen schwarze, zum Teil bis fußballgroße Steine. Beim Überholen stoße ich immer wieder an sie.

Schon seit Kilometer 5 ist mein rechter Fußballen angeschwollen und tut weh. Richtig weh. Manchmal bleibe ich kurz stehen, halte den Fuß in die Luft, schüttle ihn ein wenig aus. Das hilft für ein paar Sekunden. Als ich durch Zufall auf einen kantigen Steine so drauf trete, dass sich dieser genau in der Mitte meines Fußes abdrückt, spüre ich etwas Erleichterung. So oft es nun geht, drücke ich meinen Fuß so auf einem Stein ab. Mit der sich anschleichenden Müdigkeit werden die Schmerzen im Fuß schwächer.

Beim Kontrollpunkt zwei herrscht Fröhlichkeit. Weiß der Teufel, wie lange die Helfer schon da stehen, Kärtchen knipsen und Wasser reichen. Jede gereichte Flasche wird mit der Rückennummer des jeweiligen Läufers markiert. Sollte sich eine der Flaschen in der Wüste finden gibts Zeitstrafen, oder Ausschluss. Gut so! Rot-leuchtende Gesichter zeigen an, wer mehr unter der Hitze zu leiden hat. Ich bin Hitze gewohnt. Ich mag sie und das hilft. Obwohl es bereits über vierzig grad warm geworden ist, fühle ich mich ausgezeichnet und der doch eher warme Wind umspült mir auf angenehme Weise mein Gesicht.

Nach dem zweiten und letzten Kontrollpunkt für heute, gehe ich ein Stück mit der hübschen Ester aus dem Nachbarzelt. Das Plaudern macht die Anstrengung, die Müdigkeit und die Schmerzen fast völlig vergessen.

Gegen Ende der heutigen Strecke, so um dreißig Kilometer herum, gehts noch einmal durch richtig tiefen Sand und am Horizont taucht ein Gebirge auf, das ich mir wünsche nicht übersteigen zu müssen. Aber Patrick Bauer wäre nicht Patrick Bauer, wenn er dieses Schmankerl auslassen würde. Es geht also hoch hinaus. Noch einmal richtig anstrengend und der letzte Teil der Steigung führt durch hundsgemeinen, niederträchtigen, mehlfeinen Sand. Ein Stück weiter führt der Grat noch durch Sand, dann zwischen grau-schwarzen Felsen taucht in der Tiefe auf einer weiten Ebene das Biwak auf. Zum Greifen nah sinds aber halt doch noch zwei Kilometer.

Fast euphorisch laufen wir, Ester und ich, nebeneinander dem heutigen Ziel entgegen. Wir legen auf den letzten Metern noch einen echten Sprint hin. Im Ziel. Karte lochen, Glückwünsche entgegen nehmen und am Sultan Teetassenstand einen unglaublich leckeren Tee genießen. Der stellt richtig auf. Doch nach dieser minutenlangen Pause fällt der Neustart Richtung Zelt schwer, sieht der Gang nicht unbedingt elegant aus. Ich komme als Letzter von uns sechs zum Zelt 16. Alle sind da. Fast alle in guter Verfassung. Marcello nicht. Kreidebleich liegt er am Boden. Ist dehydriert, kann nichts bei sich halten. Ich überlasse das Aufpäppeln Joan und Xavier. Die beiden sind Ärzte. Sorgen sich rührend um Marcelo und nach ein zwei Stunden gelingt es ihnen, ihm ein paar kleine Schlücke Hühnerbrühe einzuflößen. Langsam, ganz langsam kann er ein wenig Flüssigkeit bei sich behalten. Steht kurz auf und muss sich gleich wieder hinlegen. Morgen wird er weitermachen. Da sind wir sicher. Immerhin, wir sind alle sechs im Ziel und so soll es auch weitergehen.

Die Nacht bricht früh herein. Ich war mit Raul Kräuter sammeln. Bald verbreitet sich ein harziger Duft aus unserer Kochstelle. Alle, außer Marcelo, basteln sich ein Essen zusammen. Bei mir gibts gefriergetrocknete Nudeln napolitano. Schmeckt wirklich lecker und ich könnte glatt noch eine oder zwei weitere Portionen bewältigen.

2.Tag

6:00 Uhr. Die Berber zerren an den Zelttüchern. Die Nacht war kalt und der vom Wind herein getragene Sand hat sich in einer feinen Schicht über alles gelegt. Es knirscht auf den Backenzähnen. Ich erzähle meinen Zimmerkameraden, dass man in Deutschland die Art Toilette, wie wir sie hier halten, Katzenwäsche nennt.

Marcelo ist immer noch etwas blass. Er weiß es genau. Er wird mehr Wasser und mehr Salz brauchen als andere und er wird penibel darauf achten, das auf den weiteren Etappen auch beizubehalten.

Wasser fassen, Kärtchen knipsen, Müesli anrühren, Rucksack packen und die Gamaschen sorgfältig über de Schuhe ziehen. Ein wenig Sand ist gestern trotz allem in die Schuhe gelangt. Allerdings haben nur meine Socken, nicht aber meine Füße darunter gelitten. Ich hatte den ganzen Monat vor dem Marathon jeden Morgen sorgsam meine Füße eingekremt und das sollte sich bezahlt machen. Sicher waren auch die beiden Besuche bei der Fußpflegerin nicht verkehrt.

Wieder stehen wir in der Startaufstellung. Patrick klettert auf das Wagendach. Begrüßte uns, verteilte Geburtstagswünsche. Nur wenige waren auf der ersten Etappe ausgestiegen. Leider auch der 83ig-jährige, dem ich den Erfolg sehr gewünscht hätte. Wieder ermahnte Patrick uns, die Hitze und die Sonnenstrahlen nicht zu unterschätzen, ans Wasser und an die Salztabletten zu denken.

31,1 Kilometer sollen es heute werden. Ein Klacks, murrmelt das Kleinhirn und der vordere, obere Stirnlappen mischt sich warnend ein.

Im Nachhinein glaube ich, dass ich ein gesundes Gemisch von Optimismus und Respekt mit auf die Strecke genommen hatte.

Highway to Hell, wieder Gänsehaut am ganzen Körper, ...drei, zwei, eins. Der Heli schießt über die Läufer und die Meute zieht los.

Die ersten zwei Kilometer gehen flach über ziemlich einfaches Terrain. Das sollte sich allerdings sehr bald ändern. Durch eine Landschaftskulisse, wie ich sie mir in meinen kühnsten Träumen nicht zauberhafter, magischer, bewegender hätte vorstellen können, gehts schon bald wieder durch Dünen über eine sandige, flache Ebene immer leicht bergauf in ein richtiges Gebirge. Durch steile Klettersteige und auf der anderen Seite über große, leuchtend blaue Felsblöcke wieder hinunter. Hochangeln, rutschen, hängenbleiben, stolpern, klettern.

Unten im Tal, nach 12Kilometern, der erste Kontrollposten. Die Strecke war bis dorthin schon recht schwer und sollte anschließend alles andere als einfach werden.

Nach der Durchquerung eines Wadi beginnt ein Anstieg mit erheblichen technischen Schwierigkeiten über eine Steigung von etwa 15%. Die anschließende felsige Passage über den Grat des Gebirges, führt durch eine wilde, romantische Berglandschaft. Auf der einen Seite fällt der Berg steil ab, auf der anderen versperren kantige Felsen den Weg.

Eine Läuferin liegt auf einem flachen Felsen, hat den Knopf am Nothahn gedrückt. Sie kann nicht mehr, braucht Hilfe. Sie muss aufgeben. Saublöde Stelle, aber sie wird schon bald im Helikopter sitzen und wahrscheinlich schon am nächsten Tag in Ouarzazate im Hotel sich von den Anstrengungen erholen können.

Der anschließende Abstieg durch tiefen, weichen Sand ist eine echte Gaudi. In weiten Sprüngen wirbeln die Beine Wolken von Sand auf und das weiche Auftreten der Füße ist fast wie Skifahren.

Nach 26 Kilometern kommt der zweite Kontrollpunkt. Der gleiche immer aufgestellte Helfer, der mir mein Durchlaufen schon am ersten Tag vorausgesagt hatte, steht da, knipst mein Kärtchen, hält den Daumen nach oben und zwinkert mir fast schon verschwörerisch zu. Gleich dahinter steht eine Ärztin, hält den Kopf schräg, wie ein Hündchen, das einem unbekannten Geräusch nachgeht, schaut mir tief und mit fragenden Blicken ins Gesicht, wie´s mir geht. Gut! Gut? Ja, sehr gut. Ich bin überzeugt, diese etwas übertriebene Aufmerksamkeit ist meinem schon leicht fortgeschrittenen Alter geschuldet. Ich weiß, dass ich in der zweiten

Marathonhälfte an manchen Ironmännern wesentlich kaputter ausgesehen habe. Nicht, dass mir jetzt dieses Wüstenlaufen nicht auch in die Glieder und an die Substanz ginge, das nicht, aber ich fühle mich gut.

Diese ganze zweite Etappe geht so weiter; Sand, Felsen, Anstiege, technisch anspruchsvoll und durch eine Landschaft, die mir für alle Tage als eines der eindruckvollsten Erlebnisse in Erinnerung bleiben wird.

Zieleinlauf, Kärtchen knipsen, auf den Tee freue ich mich schon eine ganze Weile und er tut auch dieses Mal so richtig gut. Dann zurück zum Zelt Nummer 16. Wir sind wieder komplett und alle freuen sich mindesten so sehr über diese Tatsache, wie über den Tagessieg jedes Einzelnen und die Tatsache, dass es Marcelo nicht nur geschafft hat, sondern dass es ihm sichtlich besser geht, trägt auch zur guten Laune bei.

Mein Gang zum Zelt mit dem Satelitentelefon lässt nun deutlich die Strapazen der vergangenen Stunden durchscheinen.

„Hallo Gitty, ich bin durch, habe auch die zweite Etappe gemeistert." Jetzt ist auch sie überzeugt, dass ich es schaffen werde.

Zurück im Zelt muss ich feststellen, dass es an diesem Lagerplatz keine Kräuter und außer den Zelten selber nichts Brennbares gibt. Dafür gibt es Esbit-Tabletten und fast jeder hat ein paar dabei. Bei mir gibts Reis mit Waldpilzen und Soja. Schmeckt ausgezeichnet und ich wäre auch beinahe satt geworden. Noch einmal habe ich Verpflegung für den langen Tag zurückbehalten.

Die Nacht ist wieder windig und kalt, die Steine unter den Beinaheteppich hart und spitz und dennoch liege ich schon bald in einem für die Verhältinsse erholsamen Schlaf.

3.Tag

6:00 Uhr. „Jalla, jalla" Mohamed, Ali und Co. zerren an den Zelten. Morgendliche Katzenwäsche, Müesli, Kinderbrei und heiße Schokolade. Kärtchen knipsen, Wasser fassen, Rucksack packen und die Gamaschen sorfältig über die Schuhe ziehen. Auch gestern kam Sand in die Schuhe. Bei Ana, wir nennen sie inzwischen unsere Queen, hat sich eine Blase am kleinen Zeh gebildet. Sie beherrscht eine einmalige Technik sich ihre Zehen mit Tape abzukleben.

Patricks morgendliches Ritual vom Wagendach herunter. 36,7 Km ist die heutige Streck lang. Highway to Hell, Gänsehaut am ganzen Körper und auch der leuchtend roter Kamera-Helikopter schießt wieder dicht über die Köpfe der losrennende Meute.

Heute gehts bei mir um die Frage, ob mein spezifisches Training die Regenerationsfähigkeit verbessert hat. Ich hatte an mehreren Tagen hintereinander lange Strecken, zum Teil laufend und abwechslungsweise mit Gehen absolviert und dabei versucht die Belastungen in etwa in den Grenzen zu halten, in denen eine fast vollständige Regeneration bis zum folgenden Tag möglich schien. Heute wird sich zeigen, wie gut mein Training war und wie gut sich mein Körper über die vergangene Nacht erholt hat. Die allerersten Schritte sind noch etwas holprig, aber schon bald komme ich wieder in einen Rhythmus. Bei der ersten Steigung geht der Atem etwas schwer. Auch bei manchem Läufer hinter und vor mir fehlt es an Schwung und Eleganz.

Die ersten Kilometer gehe ich hinter und neben Raul. Ich übe meine Schritte im weichen Sand auf die Fußstapfen meines Vordermannes zu platzieren. Vor allem bergauf kann das helfen. Nach acht Kilometern kommt der erste richtige Berg des Tages. Ich nehme ihn sehr langsam, lasse Raul ziehen, denke an morgen.

Ganz in der Nähe gehen zwei Helfer mit einem Blinden. „Stein links, Bein heben, halte dich am Felsen rechts, wenn du fällst, lasse dich auf die rechte Seite fallen, auf keinen Fall nach links." Der Vordermann dirigiert und führt, der hinten hält, stütz fängt ihn auf. Ich ziehe meinen Hut vor allen Dreien. Die Schuhspitzen des Blinden sind völlig zerschlissen. Ich schaue auf meine Schuhspitzen. Die Gamaschen sehen nicht gut aus. Ich stoße immer wieder gegen Steine. Dicht können diese ausgefransten Stöffchen nicht mehr sein.

Der erste Kontrollpunkt kommt in Sicht. Der erste Sieg des Tages. Dann gehts über einen trockenen See. Ich kann Tempo machen. Etwas von der Zeit, die ich am Berg gelassen habe, aufholen. Der trockene Boden ist hart und lässt sich wunderbar gehen. Die fast weiße Farbe des Untergrundes reflektiert das Sonnenlicht, so dass die Hitze gleichzeitig von unten und von oben kommt. Die Fünfziggradmarke ist überschritten. Wie gesagt, ich mag das. Was allerdings nicht dazu verleiten darf, die Hitze und den damit verbundenen Flüssigkeits- und Salzverlust zu ignorieren.

In der Zwischenzeit haben die Doc-Trotters am Wegesrand festgestellt, dass ich die gröbste Jugend zwar hinter mir habe, aber wohl doch kein Risikopatient bin. Sie lächeln mir zu, sprechen mir Mut zu und fügen gelegentlich schon fast mehr bestätigend als fragend hinzu, dass es mir gute gehe „ça va!?" − „ça va tres bien!"

Obwohl auch heute viel Sand und technisch anspruchsvolle Abschnitte auf dem Programm stehen, komme ich gut voran, spüre zwar die Anstrengung der vorangegangenen Tage, aber es geht mir gut. Schon kurz hinter der ersten Kontrollstelle bin ich mir absolut sicher, dass ich den heutigen Tag schaffen werde.

Gegen Ende gehts erst noch einmal über einen Berg und dann durch tiefen Sand. Das Bergablaufen im weichen Sand ist immer wieder ein Morzvergnügen. Vorne in der Tiefe erscheint das Biwak. Das ist etwa der Ort, an dem ich die Anstrengung zu spüren bekomme. Ich freue mich richtig auf den heißen Tee.

Die letzten Schritte zum Zelt fallen schwer. Die Begrüßung ist jedesmal herzlich und diese Herzlichkeit kommt aus der Tiefe jeder Seele, ist wirklich ernst gemeint und tut richtig gut. Zelt 16 ist wieder komplett.

Auch diese Nacht ist windig und kalt. Es weht so viel Wind in unser Zelt, dass ich mir ein paar mal die Sandsturmbrille aufsetze. Marcelo ist ein echtes Schlaftalent. Ein noch größeres als ich, und das will was heißen. Er merkt nichts von Kälte, Wind und Sand. Er schläft. Übrigens hat er sich vollständig erholt. Es geht ihm richtig gut, er war heute richtig schnell und kann den morgigen, langen Tag kaum erwarten.

4.Tag (und 5.Tag) 91,7km!!!!!

An diesem Morgen ist alles anders. Nicht, dass Patrick nicht auf das Wagendach kletterte, auch die neuesten Nachrichten, die Geburtstagswünsche, die Ermahnungen die Salztabletten und die Sonnenkreme nicht zu vergessen, bleiben nicht aus. Highway to Hell, Gänsehaut, Helikopter, alles wie gehabt, aber wir sind anders. Wir, die Läufer. Kaum einer, der in seinem Leben schon so weit gelaufen wäre. Oh doch, ein paar schon. Aber wohl kaum in der Wüste, wohl nicht am vierten Tag eines Wüsten Ultra-Laufes. Für die allermeisten ist es ein Sprung ins Unbekannte. Für mich auf jeden Fall und irgendwie fühlt sich alles an diesem Morgen anders an. Ich freue mich auf dieses Abenteuer. Ich habe mich ein ganzes, langes Jahr darauf vorbereitet. Und ich habe mehr als nur Respekt vor dem, was gleich beginnen wird.

Etwas bedächtiger scheint mir die große Menge diesen Tag zu beginnen. Wir starten früher als all die anderen Tage und die Profis werden zwei Stunden später losziehen. Wir werden Gelegenheit bekommen, diese außergewöhnlichen Menschen in ihrem Element zu erleben.

An diesem Tag finde ich sofort meinen Rhythmus. Wir gehen einem Teil der gestrigen Strecke entgegen. Vieles kommt mir bekannt vor. Sandhügel bis Kilometer vier, dann stolpere ich wieder über Steine. Die Gamaschen haben den Geist schon beinahe vollständig aufgegeben.

Die rechte musste ich zunähen, so , dass sie im Ziel wieder aufgeschnitten werden muss. Ich habe von Anfang an Sand in den Schuhen. Er scheint mir nichts anzuhaben. Nur wenn er sich vorne in der Schuhspitze sammelt, wird mir der Schuh zu klein.

Bei Kilometer zehn gehts wieder über einen kleinen, sandigen Berg und gleich dahinter taucht der Kontrollpunkt CP1 auf.

Steine, Sand und Wind. Der Wind bläst heute besonders fest. Immer wieder zieh ich mein Halstuch über Mund und Nase. Dann gehts wieder über den ausgetrockneten See. Den gleichen wie gestern, nur von der anderen Seite. Auf dem festen Boden lässt es sich leicht gehen. Ich halte meinen Rhythmus, versuche keine Zeit aufzuholen. Sollte ich in diesem Rhythmus weiterlaufen können, blieben mir beim Kontrollpunkt fünf oder sechs fünf bis sechs Stunden um mich auszuruhen.

Ich kann im immer gleichen, zügigen Tempo weiterlaufen. Als ich nach 26 Kilometern beim CP 2 angelangt bin, nehme ich die Wasserflasche so schnell wie möglich auf, nur um nicht aus dem Tritt zu kommen und laufe weiter.

Ich erlebe so etwas wie eine Trance. Keine Anstrengung, kein Schmerz. Ich habe das Gefühl meine Gedanken seien völlig ausgeschaltet. Dabei ist das Gelände nicht besonders einfach. Der Sand ist zwar nicht tief, aber laufen im Sand ist eigentlich nie wirklich einfach.

In diesem gedankenverlorenen Gehen komme ich zum CP 4. Ich habe jedes Gefühl für Zeit und Raum verloren. Ich frage nach, wie weit ich schon bin und kann es kaum glauben, ich bin schon fünfzig Kilometer gegangen.

Ich muss mich auf die Nacht einrichten. Stirnlampe auf den Kopf und den Leuchtstab, den man mir eben gereicht hat, am Rucksack befestigen.

Ab jetzt besteht der Untergrund nur noch aus Sand. Ich spüre mich wieder und stemme mich gegen die Anstrengung. Ich versuche mit einer Gruppe Marokkanern Schritt zu halten. Mehrere Lichtkegel zusammen leuchten den Boden viel besser aus. Die gehen einfach einen anderen Rhythmus. Ich muss sie ziehen lassen. Kaum dass ich wieder alleine bin, wieder meinen Tritt finde, gehts wieder wie vorher. Nicht einfach leicht. Anders eben. Als ob es seit immer so ginge. Ohne nachzudenken. Der Wind bläst mir immer wieder Sandsalven ins Gesicht und die Füße rutschen auch im nachgebenden Sand immer wieder zurück. Ich bin alleine mit mir. So wie ich es noch nie gewesen bin. Ganz auf mich zurück geworfen. Es ist ein unglaubliches Gefühl. Ich bin mir sicher, ich denke nicht. Ich gehe den Weg, ohne auf die Markierungen zu achten, ohne die Dunkelheit nach Hindernissen abzusuchen. Das tut ein Anderer für mich. Ich gehe neben mir. Ich kann mich sehen, aber irgendwie erstaunt mich das nicht. Es muss so sein. Alles ist richtig.

Ich komme bei CP 5 an. Ich werde nicht richtig wach. Die Angaben, wo ich sei, sind widersprüchlich. 60 Kilometer oder 70?

Eine Musik spielt. Patrick Bauer steht da und befiehlt einem Araber mir einen Tee zu reichen. Stimmt das? Findet das wirklich statt. Soll ich mich hinsetzen? Mich ausruhen? Die Marokkaner von eben sitzen da, fragen mich, ob ich gegessen hätte, wollen mir etwas reichen. Ich lehne dankend ab. Mir geht es gut.

Ich ziehe weiter in die Dunkelheit. Es herrscht eine wunderbare Ruhe. Ich weiß nicht, ob ich langsam oder schnell gehe. Das spielt auch keine Rolle. Immer noch ist einfach alles richtig. Einen Moment lang kommen ein paar Gedanken knapp an die Oberfläche. Wieso bin ich eigentlich sicher, dass ich hier richtig bin? Ich sehe weder eine Markierung, noch einen Läufer. Ich sehe mich um. Nicht verängstigt. Ich bin mir einfach nicht im Klaren, warum ich weiß, dass ich hier richtig gehe. Lange Zeit schwankte eine Leuchtkäferkette der an die Rucksäcke gebundenen Leuchtstäbe vor mir her. Die müssen in einer Senke, hinter einem Berg abgetaucht sein. Ich gehe weiter, lass mich treiben und schon bald taucht eine Palisade auf, an der ein Leuchtstab befestigt ist. Ich bin ein wenig aus meinem schönen Traum aufgewacht. Ich schaue auf die Uhr. Egal wo ich bin, ich habe noch jede Menge Zeit und meine Füße tragen mich noch immer.

Der Wind ist in der Zwischenzeit eiskalt geworden. Ich hatte zwar vor nicht allzulanger Zeit auf die Uhr geschaut, habe aber nicht die geringste Ahnung wie spät es ist und auch ein erneutes Nachsehen lässt mich schon beim Hinschauen vergessen wieviel Uhr es ist.

Ich komme bei CP 6 an. Mehrere Läufer liegen in ihre Schlafsäcke gewickelt am Boden und ruhen sich aus. Ich versuch es ihnen gleich zu tun. Lege mich hin und wickle den Schlafsack eng um mich herum, die Kälte nicht zu spüren. Die lässt mich aber nicht los. Ich zittere vor Kälte. Verbrauche sinnlos Energie. Ich stehe auf und ziehe weiter. Wieder habe ich ganz unterschiedliche Angaben über die noch verbleibende Strecke bekommen.

Noch etwa zwei Kilometer lang zittere ich vor Kälte, dann meldet sich der Autopilot wieder.
Im Nachhinein kann ich nicht mehr genau sagen, durch welches Gelände ich gegangen bin. Nur Sand, da war jede Menge Sand.

Kaum dass ich wieder ganz bei mir, in mich versenkt bin, wird alles andere gleichzeitig unwichtig, aber bedeutungsvoll. Irgendwie stellt sich mir die Frage, was denn eigentlich wichtig sei. Die Frage kommt nicht ausformuliert, sie stellt sich und erwartet keine schnelle Antwort. Was ist wichtig? Ich denke an Gitty. Gitty ist wichtig. Der Gedanke kommt nicht in Form eines ausformulierten Satzes, er ist einfach da. Dann tauche ich wieder ab. Ich genieße diesen Zustand und weiß doch, dass das Gehen im Sand sehr anstrengend ist.

Ich könnte nicht sagen, ob da jemand in meiner Nähe gewesen wäre oder nicht. Ich war auf jeden Fall alleine. All eins. Vielleicht als Kind hatte ich oft einfach so da gelegen, aber darüber kann ich erst später, wieder zu Hause nachdenken. Ob das genauso, einfach irgendwie vergleichbar, oder doch ganz anders gewesen war. Erinnerungen sind keine festgenagelten Fakten, die werden durch neue Erkentnisse, Erfahrungen und Ideen bereichert, ergänzt und immer wieder neu gesehen.

Ich habe oft davon gehört, dass Meditierende keinen Gedanken mehr nachgingen. Ich hielt das immer für unmöglich. Wenn ich je versucht habe meine Gedanken auszuschalten, dachte ich doch immer daran, nicht nachzudenken. Versuche doch jetzt einmal nur fünf Minuten nicht das Wort Rhinozeros zu denken. Wenn ich das nicht gesagt hätte, wärst du in diesem Moment kaum darauf gekommen an Rhinozeros zu denken und jetzt wo du das vermeiden solltes, wird es dir kaum mehr gelingen. Aber es geht. Man kann leer sein. Auf sich zurückgeworfen, tief in sich selber abgetaucht und das Gefühl ist grandios. Aber noch einmal; ich denke jetzt, wieder zu Hause, darüber nach. Da in der Wüste, da war das alles eine Wirklichkeit gewesen.

CP 7 - Jetzt kann ich es aufnehmen und glauben, es sind noch genau 6 Kilometer. Es geht mir gut. Ich denke, ich könnte noch unendlich weiterlaufen. Ich laufe weiter, ruhig, gelassen und ganz tief drinnen wird schon der Sekt kalt gestellt.

Ich sehe das Biwak vor mir. Es sind wohl noch etwa zwei Kilometer. Vielleicht zwanzig Minuten. Nach zwanzig Minuten ist das Biwak immer noch ein ganzes Stück weit weg, aber es kommt näher. Langsam, nur langsam kommt es näher.

Das Gefühl, als ich die Ziellinie nach dem langen Lauf überschreite ist unbeschreiblich, deshalb lässt es sich auch nicht beschreiben. Wenn du also diese Zeilen liest, dann stell dir einfach etwas ganz Außerordentliches vor.

Ich bin auch heute der Letzte im Zelt 16. Die anderen schlafen und als ich auf dem Weg zum Zelt bin, steht einer um den andern auf. Wir umarmen uns. Mir stehen die Tränen in den Augen. Ich bin erschöpft und glücklich. Zelt 16 ist komplett. Ich kann danach lange nicht einschlafen.

35 Stunden nach dem Start der heutigen (und gestrigen) Etappe geht die Nachricht durch das Biwak, die letzten Läufer kommen ins Ziel. Was Beine hat geht Richtung Ziel. Schon von Weitem sieht man die Beiden heran humpeln. Musik geht an, die Kamerascheinwerfer richten sich auf die Beiden. Es ist 7 Uhr abends und schon wieder dunkle Nacht. Je näher die Beiden kommen, je lauter schallt der Applaus. Das Zurufen, das Jubeln und Klatschen kommt aus der tiefste Seele jeden Einzelnen. Alle hier wissen, was die Beiden hinter sich haben.

Gestern morgen um acht liefen sie los. Durch den Morgen in die Mittagshitze. Es wurde Nachmittag und sie liefen immer noch. In die Nacht hinein und sie liefen immer noch. Mitternacht, im eiskalten Wind, durch Sand und über Berge. Morgengrauen und sie liefen immer noch, und wieder wurde es Morgen und wieder kam die Mittagshitze und sie liefen immer noch. Durch den Nachmittag in den Abend und jetzt, erneut bricht die Nacht herein, jetzt nach 35 Stunden kommen sie humpelnd ins Ziel. Aus ihren Gesichtern überstrahlt das Glück die Scheinwerferlichter.

Glück, ein flüchtiges Element, das man nicht fassen kann. Zwecklos ihm hinterher zu eilen. Du kannst nicht zu ihm gehen, es muss zu dir kommen. Vielleicht das einzige Element des Universums, das nicht von seinem Gegenteil abhängig ist. Die Höhe braucht die Tiefe, das Glück braucht das Unglück nicht. Das unbeschreibliche Gefühl grenzenlosen Glücks, das scheinbar ohne Ausgangspunkt einfach da ist. Ich habe es auf dieser langen Etappe kennen gelernt. Vielleicht braucht es eine Leere in dir, um dich vollständig auszufüllen.

Die Freude über den Sieg der beiden letzten Läufer an diesem Tag ist greifbar, verteilt sich gleichmäßig auf alle. Einer der Höhepunkte dieses MDS, auf jeden Fall einer der emotionalsten Augenblicke.

Ein anderer nur kurz zuvor. Das Gerücht ging umher, es gebe Cola. Die Vorstellung einer eiskalten Cola, mitten in der Wüste, nach Tagen der Hitze, war einfach zu verführerisch, um daran glauben zu können. Bald aber liefen erst ein paar, dann immer mehr in Richtung Lastwagen, an dem allmorgendlich Wasser ausgeteilt wurde. Und dann war mit einem Mal klar: es gibt sie, diese Cola und sie war richtig kalt. Es ist unglaublich, wie tausend erwachsene, stahlharte Extremsportler vor lauter Glück um eine kalte Cola, über´s ganze Gesicht strahlen können. In keiner Kochsendung der Welt wird man so viel „mhh und ohs!!" hören können.

6.Tag

Heute ist ein Marathon angesagt. Eigentlich ist ein Marathon schon eine große Leistung, um die zu erbringen ein gewöhnlich Sterblicher einiges aufwenden und leisten muss. Eigentlich ist ein Marathon mitten in der Wüste eine Aufgabe, die zu bewältigen einiges von einem Läufer abverlangt. Aber die allermeisten an diesem MDS betrachten, nach der Höllentour von vorgestern und gestern, diese Aufgabe als machbar.

Joan und Xavier haben beschlossen an diesem Tag alles zu geben. Ich selber schwanke zwischen Übermut und großem Respekt. Klar, der gestrige Tag hat gezeigt, dass noch mehr in mir steckt, aber auf der anderen Seite wäre es absoluter Blödsinn, wegen ein paar Minuten schneller, ein paar Plätzen weiter vorne, gegen Ende des MDS alles zu riskieren. Wenn dich jetzt die Hitze und die Erschöpfung schluckt, ist es aus mit dem so lange ersehnten Zieleinlauf. Ich beschließe also erst einmal in dem Rhythmus loszulaufen, in dem ich an diesem MDS die 80% gelaufen bin. Vielleicht ein ganz klein wenig zügiger.

All das Grübeln über das Tempo, das ich vorlegen wollte, war für die Katze. Der Weg selber diktiert mir den Weg. Schon in der ersten, sandigen Steigung geht der Atem schwer. Raul und ich haben uns vorgenommen den Marathon gemeinsam zu laufen. Raul hat sich in der Zwischenzeit ausgewachsene Blasen an beiden Füßen zugezogen. Sein Leiden ist spürbar. Er beklagt sich wenig. Das ist auch nicht nötig, denn seine Gesichtszüge verraten alles. Er sagt mir, dass er die Schmerzen zu ignorieren versucht und sich ganz auf mein Tempo, das eigentlich unter normalen Bedingungen für ihn zu langsam wäre, zu konzentrieren versucht.

Wieder hat die Organisation beschlossen, die Spitzenläufer später loszuschicken. Als sie auf uns auflaufen, ist das Getöse groß. Zurufe, Klatschen und mehr als alles andere staunen. Wie diese Leichtgewichte über den Sand fliegen. Allen voran, der spätere Sieger, der Marokkaner Rachid El Morabity , ich werde ihn später im Hotel noch etwas näher kennenlernen, ein absolut sympatischer und äußerst bescheidener Kerl. Nicht weit dahinter der Spanier Chema Martinez, unser Zeltnachbar. Von ihm habe ich viele nützliche Tipps erhalten. Der französische Wuschelkopf, im Moment fällt mir sein Name nicht ein, er ruft mir zu und hält den Daumen in die Luft, als ob er sich um sein eigenes Laufen überhaupt nicht zu kümmern bräuchte.

Meine Gamaschen taugen nun gar nichts mehr und die von Raul sehen auch nicht wesentlich besser aus. Wir halten kurz an und kippen uns den Sand aus den Schuhen. Rauls Füße sind ein Bild des Grauens. Die aufgerissenen Blasen sind entzündet und der neu dazugekommene Sand setzt sein teuflisches Werk fort. Ich sehe deutlich, wie er versucht seine Lauftechnik ständig zu ändern, um dem gröbsten Reiben des Sandes in den Schuhen ein wenig entgegen zu wirken.

Natürlich bestimmen auch an diesem Tag der Sand und die Hitze das Geschehen. Ich möchte mich nicht in die Läufer versetzen, die gestern erst gegen Abend ins Ziel gekommen sind. Es genügt mir vollauf zu spüren, dass auch aus meinem Körper nicht alle Ermüdung gewichen ist. Es geht mir gut, ich bin restlos überzeugt, dass ich diesen Tag überstehen werde, auch wenn die Beine nicht mehr alles hergeben, was ich ihnen abverlangen wollte, ich mich halt nach der Decke strecken muss und die Atmung an den Steigungen etwas lauter wird.

Je länger wir, Raul und ich, unterwegs sind, um so leichter fällt mir das Laufen. Mir jedenfalls. Raul gelingt es wenigstens gelegentlich den Schmerz in seinen Füßen zu vergessen. Wir plaudern an diesem Tag viel. Mehr als an all den vorangegangenen. Über Existenzielles, darüber was wirklich wichtig ist. Wir sind beide der Überzeugung, dass dieser Lauf ein Einschnitt, eine Grenze, eine Art Neubewertung des Lebens ermöglicht. Es wird, auch darin sind wir uns einig, ein langer Prozess werden, eine schleichende Reifung, die ihren Anfang in einer vollendeten Leere gefunden hat.

Ich beherrsche die Technik, im Sand bergauf in die Fußstapfen des Vordermannes zu treten, immer besser. Ich kann immer leichter, auch in schwierigem Gelände meinen Rhythmus finden. Das ruhige, gleichmäßige Laufen über lange Distanzen bekommt immer mehr eine eigene Schönheit. Ich beginne Ultra-Läufer, die die nächste Mammuthaufgabe kaum erwarten können, immer besser zu verstehen. Es geht nicht um ein Runners-High, um die Ausschüttung von Unmengen von

Dopamin, Belohnungs-, oder Glückshormonen. Es geht um eine ruhige Schönheit, die kennenzulernen etwas gänzlich Neues, Liebenswertes in dein Leben bringt.

Auch unser Plaudern ist inzwischen wie das Ausplämpern einer Musik, die kein erkennbares Ende findet, langsam und fast wörtlich, versandet. Ich weiß nicht, hat sich Raul mit dem Schmerz arrangiert oder kann er ihn, wenigstens zeitweise, wie er sagt, ignorieren. Jedenfalls ist auch sein Gang homogener, ruhiger und leichter geworden.

Ich habe mir die Zeit nicht gemerkt. Zum allerersten Mal habe ich an einem Wettkampf keine Stoppuhr eingeschaltet. Ich hatte viel Zeit mich auf die Landschaft, auf des Geschehen um mich herum und vor allem auf mich selber einzulassen.

Das Ziel vor Augen wird mir bewusst, ich habe es geschafft. Morgen steht noch ein 11,5 Kilometer Lauf auf dem Programm. Ein Charity-Lauf, zu Gunsten der Unicef. Um in den Genuss der Finisher-Medaille zu kommen, muss auch die letzte Etappe noch bewältigt werden, allerdings wird die Zeit nicht mehr zur Gesamtzeit hinzu gezählt.

Wir beide laufen ins Ziel mit der absoluten Sicherheit, MDS-Finisher zu sein, Sableros, nennen es die Spanier. Es fallen nicht viele Worte, reden könnte die Größe des Momentes antasten. Still, und mit dem Strahlen einer Atombombe überqueren wir die Ziellinie.

Letzte Handgriffe werden an der Bühne neben der Zeltrunde getätigt. Die Verstärkeranlage wird getestet. Patrick hat Streicher aus der Pariser Oper einfliegen lassen.

Bei Einbruch der Dunkelheit beginnt der Spektakel. Die Nacht ist eisig kalt. Ein heftiger Wind bläst uns diese unangenehme Kälte in die Glieder.

Der Gouverneur der Region Al Rachidia wird eingeschleimt, die Sieger des MDS werden geehrt und weil das alles nur schleppend vorankommt, verdrücken sich immer mehr Teilnehmer in den unvollständigen Schutz ihrer Zelte und unter die einigermaßen schützende Haut ihrer Schlafsäcke. Dabei soll der Höhepunkt erst kommen.

Das Streichorchester spielt auf. In einer absoluten Perfektion füllen diese Musiker den offenen Raum um uns herum mit fantastischen Klängen. Unbegreiflich wie ihre flinken Finger der Kälte trotzen. Der heftige Wind lässt die Notenblätter flattern und gelegentlich kriecht eine Helferin über den Bühnenboden, um losgerissene Notenblätter wieder auf den Notenständer zu fixieren.
Dann betritt in wehender Robe eine zierliche Sängerin die Bühne. Und als sie zu singen beginnt steht mein Herz still, die Kehle schnürt sich zu und wo eben noch die Kälte mich erschaudern ließ, sind es diese Klänge, die mir vom Zeh zum Scheitel eine Gänsehaut diktieren. Eine glockenklare, helle Stimme von ungeahnter Schönheit verwandelt den sternenklaren Wüstenhimmel in Musik. Ich bin überzeugt, dass ich

noch nie in meinem Leben eine so absolut perfekte Stimme gehört habe. Ob die unwirkliche Szene dieser Aufführung mitten im Nirgendwo, ob es dieser emotionelle Moment, dieses besondere Erlebnis des erschöpfenden Wüstenlaufes, oder ob es wirklich einzig und allein diese unglaubliche Stimme ist, spielt dabei keine Rolle. Allein die spätere Erinnerung daran überwältigt mich jedesmal von neuem.

Ob es dieser einmalige Moment in meinem Leben oder wirklich nur die unbarmherzige Kälte dieser Nacht ist, warum ich kein Auge zu bekomme, ich weiß nur, dass ich keine Sekunde schlafen kann.

7.Tag

Das Zelt Nr.16 hat den MDS komplett überstanden und das soll gefeiert werden. Wir beschließen den Charity-Lauf an diesem Tag zusammen zu laufen. Eine ausgelassene Gruppe, die über die sandigen Hügel hüpft und mit immer neuem Schwung die sanften Dünenhänge hinunterspringt. Der MDS ist geschafft, diese letzten Meter sind reiner Spaß.

Noch einmal können wir die Schönheit dieser Sahara genießen. Die berühmten Dünen von Merzouga hinauf und hinunter stampfen, laufen, segeln, hüpfen, gleiten.

Auf den letzten Metern beginnen wir zu besprechen, wie wir den Zieleinlauf zelebrieren wollen. La Ola? Sprint? Arme nach oben? Und dann bestimmt der Moment ganz von alleine das Geschehen. Wir reichen uns die Hände, strecken die Arme in die Höhe und laufen durchs Ziel.

Ana, Raul, Xavier, Joan, Marcelo, es war schön euch kennengelernt zu haben.